nada.
nada. nichts.
nada. nichts. null.
nada. nichts. null.
nada. nichts. null.
nada. nichts.

KAREN SALMANSOHN

WIE MAN SEIN LEBEN ÄNDERT INDEM MAN ABSOLUT NICHTS TUT

[Die besten Tipps zur Entschleunigung
für alle, die so viel zu tun haben,
dass sie zu nichts mehr kommen]

Aus dem amerikanischen Englisch
übersetzt von Peter Durin

THIELE VERLAG

WARNUNG #1:

Risiken und Nebenwirkungen: Bevor Sie mit diesem Übungsprogramm beginnen, fragen Sie bitte Ihren Arzt oder Apotheker – ach was, zum Teufel damit!

Dies ist das weltweit erste Übungsprogramm, bei dem Ihnen weder der Schweiß ausbricht – noch ein Fingernagel abbricht. Tatsächlich müssen Sie weder Ihren Hintern noch eine Zelle Ihres Gehirns bewegen!

Ehrlich gesagt, waren Ihre Gehirnzellen in letzter Zeit sowieso viel zu umtriebig. Wie auf Speed sind Ihre kleinen Neuronen hin- und hergeflitzt und haben dabei etwas sehr Wichtiges außer Acht gelassen: Nicht jede Bewegung bedeutet Vorankommen.

Dieses Übungsprogramm wird Ihren verdammten Gehirnzellen beibringen, wie man stillsitzt und zur Abwechslung mal NICHTS TUT, damit Sie schneller zum Ziel kommen und sich in Ihrem Leben etwas ändern kann.

WARNUNG #2:

Bevor Sie weiter lesen, sollten Sie sich unbedingt fragen, ob Sie überhaupt dazu bereit sind, Ihr ganzes Leben umzukrempeln. Denn wenn Sie regelmäßig diese Entspannungsübungen im Nichtstun befolgen, wird eine Welle aus Energie, Klarheit und Schnelligkeit über Sie hereinbrechen, wie Sie es noch nie erlebt haben.

Sie werden in den Genuss des besten Trainingsergebnisses überhaupt kommen: keine unnötigen Wartezeiten mehr!

Keine Wartezeiten mehr beim angestrebten Karrieresprung, bei der ersehnten Liebesbeziehung, bei allem, was Sie sich wünschen!

Sie stehen davor, eines der herrlichsten und zugleich paradoxesten Lebensprinzipien zu entdecken:

Manchmal besteht der kürzeste Weg zwischen zwei Punkten darin, ABSOLUT NICHTS ZU TUN.

Warnung # 3:

Nike hatte doch nicht recht.

JUST DO … NOTHING.

Zeit für Geständnisse ...

Eines Abends, ich machte gerade Überweisungen und legte Wäsche zusammen, während im Fernsehen eine Sendung über Transsexuelle lief, als mir ein Gedanke – und es war wirklich nur dieser eine – durch den Kopf schoss und mir auch danach nicht mehr aus dem Sinn ging:

Woher nehmen diese Leute bloß die Zeit für so aufwändige Geschlechtsumwandlungen? Ich selbst hatte kaum Zeit, meine Rechnungen zu überweisen oder mir neue Staubsaugerbeutel zu besorgen – geschweige denn neue Geschlechtsteile.
Ich hatte immer eine Liste mit 20 Punkten – und eigentlich nur Zeit für 10 – und irgendwie schaffte ich es immer, noch weitere 30 reinzuquetschen.

Mein Leben erinnerte mich allmählich an Ray Bradburys futuristischen Roman *Fahrenheit 451*, wo eine Welt beschrieben wird, in der eine hohe Mindestgeschwindigkeit vorgeschrieben ist, damit man die Umgebung nicht mehr klar erkennen kann. In dieser verschwommenen, schnelllebigen Welt sind sämtliche Ruhebänke verbannt, damit man sich nirgendwo mehr einfach hinsetzen kann, um zu empfinden, was es heißt, sich einfach hinzusetzen und zu empfinden. Einfach hinsetzen und mal nachdenken? In meinem Leben auf der Überholspur hatte ich dazu schon lange keine Zeit mehr.

Ich lebte nach dem Prinzip:

„So viel zu tun, so wenig Zeit, um es zu tun – aber (zum Glück) genug Zeit, darüber zu jammern, dass man keine Zeit hat, alles zu schaffen."

(Manchmal fragte ich mich, ob ich überhaupt ein Gesprächsthemen hätte, wenn es nichts zu klagen gäbe!)

Jeder weiß: Der erste Schritt, ein Alkoholproblem aus der Welt zu schaffen, besteht darin, sich einzugestehen, dass man ein Alkoholproblem hat. Dasselbe gilt für ein Denkproblem, und mir dämmerte, ich könnte eines haben.

Es war doch so: Jeden Tag klammerte ich mich an den erstbesten negativen und Stress verursachenden Gedanken. Das ging manchmal schon direkt nach dem Aufwachen los. Der Wecker schrillte – und meine inneren Alarmglocken gingen an. Ich wachte auf und dachte: „Okay, nur dieser eine negative Gedanke – dann ist Schluss damit." Und noch bevor ich unter der Dusche stand, fiel mir auf, dass ich mein Gehirn ohne Unterbrechung mit Giftmüll zuschüttete: „Gott, wie meine Beziehung nervt! Wie das Leben nervt! Wie die ganze Welt nervt! Wie das Universum nervt!"

Und schneller als
ich denken konnte,
hatte ich ein Verb
in allen Verwendungs-
formen durchkon-
jugiert:

„nerven"

(Die Erkenntnis traf mich mit voller Wucht:
Himmel, da hatte ich wohl tatsächlich ein tonnenschweres Denkproblem. Und ich brauchte Hilfe!)

Ich musste
unbedingt ruhiger werden,
schnell und

AUF DER STELLE!

Natürlich fiel mir auf, dass sich „ruhiger werden, schnell und AUF DER STELLE" ein kleines bisschen widersprüchlich anhörte. Und mir war auch klar, dass ich nicht immense Zeit darauf verschwenden konnte, in aller Ruhe ruhiger zu werden. Ich hatte sowieso schon genug zu tun. Schließlich bin ICH doch diejenige, die das „Multitasking" überhaupt erfunden hat. Ja, das war ich! (Hätte ich mir diese Erfindung doch patentieren lassen … Eine steinreiche Frau wäre ich heute.)

Frage:

Also – was macht die Frau, die das Multitasking erfunden hat, um sich zu entspannen?

ANTWORT:

Sie packt noch
NICHTS-TUN-
ENTSPANNUNGS-
ÜBUNGEN
in ihren Tag.

Ein Beispiel:

Nichts-Tun-Übung # 1: Erwache und rieche den Kaffee

fig. 1

fig. 2

fig. 3

An dem Morgen, als mir klar wurde, dass ich ein Problem mit dem Denken hatte, war ich wieder bereit für meine gedankliche Giftmüll-Runde. Doch diesmal entschied ich mich dagegen und trank stattdessen einfach meinen Kaffee – aber diesmal TAT ICH NICHTS, außer meinen Kaffee zu trinken. Ich zwang mich während der nächsten 10 Minuten, weder an meine Probleme zu denken noch über sie zu reden. Ich hielt inne und roch den Kaffeeduft. (Atmete das aufsteigende Aroma.) Ich betrachtete den Kaffee. (Starrte auf die hübschen kleinen Milchwirbel.) Nahm einen Schluck. (Erschmeckte jede Nuance von bitter bis sanft bis vollmundig.) Ich wurde zum Kaffee. (Vom Kaffee-Duft zum Kaffee-Dasein.) Und immer, wenn mein sorgenvolles Morgen-Ich sich Arbeits- oder Beziehungsproblemen zuwenden wollte, geleitete ich es sanft zum Aroma meines Kaffees zurück. Ich hielt meine Gedanken davon ab, sich in negativen Gefilden herumzutreiben.

Das machte ich 10 Minuten lang.

Ununterbrochen.

(Nicht eine negative
Gehirnzelle in Sicht.)

Eine Stunde später schaffte ich bei einem textlichen Problem, das mich seit einem vollen Monat quälte, endlich den Durchbruch.
Es tat einen Schlag, und die Worte flossen mir mühelos aus der Feder. Es war unglaublich. Das war nicht allein dem Koffein zuschreiben, da war ich mir sicher. Tatsächlich bin ich heute sogar davon überzeugt, dass die Wirkung von Koffein überschätzt wird, was plötzliche Eingebungen angeht – und dass alle früheren Kaffeepausen, die zu einem „Kaffeedurchbruch" führten, daher rührten, dass ich vorher ohne es zu wissen eine Übung im Nichtstun vollzogen hatte.

In diesem Augenblick kam mir die Erleuchtung: Wenn schon diese eine 10-minütige Kaffee-Übung-im-Nichts-tun so gut funktioniert hatte, sollte ich bei meinem täglichen Multitasking einfach versuchen, das Ganze auf weitere Nichts-Tun-Übungen auszuweiten.

Und so erfand ich folgende Übungen …

Nichts-Tun-Übung # 1: Power-Duschen

Immer, wenn ich jetzt unter der Dusche stehe, reinige ich mich ganz multitaskingmäßig gleichzeitig von Stress und Ängsten, indem ich einfach NICHTS TUE, als mich auf den gebündelten Wasserstrahl, der auf mich herunterspritzt, zu konzentrieren. Ich verschwende weder einen Gedanken darauf, noch mache ich mir Sorgen darüber, wie heiß oder wie eisig es gerade in meinem Liebesleben oder bei meiner Karriere zugeht – sondern spüre nur die Temperatur des Wassers, sein Fließen, seine Kraft und das Gefühl auf meiner Haut. Mindestens 5 Minuten lang lasse ich alle Elemente dieses Elementes auf mich einwirken.

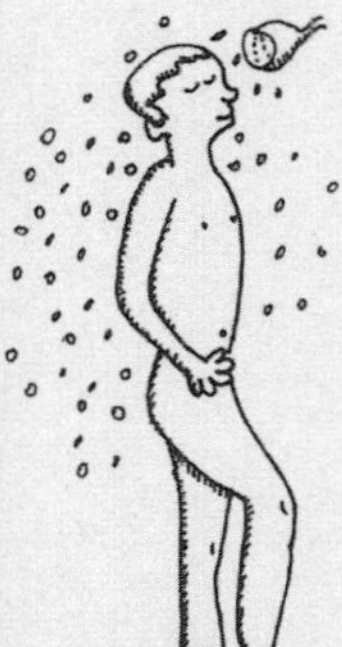

fig. 1

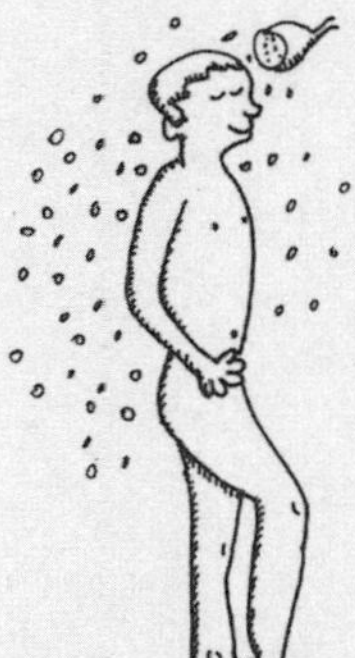

fig. 2

fig. 3

Nichts-Tun-Übung #3:

Gelb sehen

Wenn ich heute auf dem Weg zu einem Termin mit einem unsympathischen, langweiligen oder auch schwierigen Menschen bin, suche ich überall nach der sonnigen Farbe Gelb. Sobald ich merke, dass meine Gedanken sich nur noch mit der absolut nervigen oder vertrottelten Art dieser Person beschäftigen und ich am liebsten losschreien möchte, TUE ich NICHTS, außer nach Gelb Ausschau zu halten. Ja, ich sehe einfach Gelb statt Rot – mindestens 5 Minuten lang.

fig.1

fig.2

fig.3

Nichts-Tun-Übung # 4:
Das Gute-Wörter-Mantra

Jedes Mal, wenn ich mich tagsüber dabei erwische, dass ich unangenehme oder negative Sachen denke, lasse ich mit aller Kraft positive Gedanken in mein Bewusstsein strömen. Will ich zum Beispiel ruhiger werden, TUE ich NICHTS, als mir Wörter ins Gedächtnis zu rufen, die „Ruhe" bedeuten: friedlich, gelassen, heiter, sanft, gleichmütig, ausgeglichen, harmonisch, hmmmmmmmmm – mindestens 5 glückselige, entspannte und unbeschwerte Minuten lang. Und wenn ich über etwas traurig bin, denke ich an Wörter, die mich lustig, fröhlich, vergnügt, glücklich, zufrieden, unbekümmert, leichtherzig, beschwingt und heiter machen und fülle meinen Kopf damit.

fig.1

fig.2

fig.3

Nichts-Tun-Übung # 5: Mit dem Rhythmus gegen den Blues

Wenn ich einen Anruf mit schlechten Neuigkeiten bekomme, lege ich eine meiner Lieblings-CDs auf – und dann TUE ich NICHTS, als den Rhythmus der Musik zu spüren, bis er meine schlechte Stimmung vertrieben hat. Ich sitze da, konzentriere mich auf den Beat, ganz allein darauf, spüre, wie der Rhythmus meinen Körper erfasst und lasse meine Atemzüge mit diesem Rhythmus einswerden – mindestens 5 Minuten lang.

fig.1

fig.2

fig.3

Nachdem ich diese Übungen im Nichtstun in mein tägliches Riesenprogramm integriert hatte, fühlte ich mich, als hätte ich den Da-Vinci-Code geknackt: Plötzlich konnte ich Entscheidungen schneller fällen, Probleme geschickter lösen und mein Arbeitspensum effizienter erledigen – und ich war jetzt sogar in der Lage folgendes imposante Wort zu benutzen …

Dichotomie

(Ich liebe dieses Wort!)

„Tja, es ist pure Dichotomie", erklärte ich meinen Freunden, „wie ich durch dieses ganze Verlangsamen insgesamt schneller geworden bin. Ist doch seltsam, oder?"

Aber letztendlich
bin ich eine praktisch
veranlagte Person,
und so suchte ich nach
einer weniger seltsam
klingenden Erklärung,
warum diese ÜBUNGEN
IM NICHTSTUN
funktionierten.

Und zum Glück
schoss mir im
selben Augenblick
eine ganz
einfache Erklärung
durch den Kopf:

Übungen im Nichtstun
=
Energie-Management

Es ist so.
Alle Gedanken haben Energie. Daraus folgt:

Ziellose/negative/
außer Kontrolle geratene Gedanken
=
Ziellose/negative/
außer Kontrolle geratene Energie

Kontrollierte/bewusst gelenkte/
zielgerichtete Gedanken
=
Kontrollierte/bewusst gelenkte/
zielgerichtete Energie

Anzeichen für ziellose/ negative/außer Kontrolle geratene Gedanken:

Man versucht, über das Unbekannte Kontrolle zu erlangen, indem man Vermutungen darüber anstellt, was als nächstes geschehen wird.

Besessen von der eigenen Vergangenheit, versucht man, die alten Dämonen niederzuringen.

Man beschäftigt sein Bewusstsein dauernd mit unerledigter Arbeit, persönlichen Problemen oder anderen negativen Gedanken, statt positive, aufbauende Gedanken zuzulassen.

Keine Frage. Ich
hatte mich
des ziellosen/
negativen/
außer Kontrolle
geratenen
Denkens schul-
dig gemacht.

Kein Wunder also, dass ich, nachdem ich damit aufgehört und mein Denken durch Übungen im Nichtstun in neue Bahnen gelenkt hatte, so viel mehr Energie und einen klareren Durchblick hatte.

Die Übungen im Nichtstun hielten mich vom Verschwenden kostbarer Gedanken-Energie ab, die ich viel besser dafür einsetzen konnte, mein Bewusstsein zu einem Superbewusstsein weiterzuentwickeln.

Und, wie mir später klar wurde,
funktionierten die
Übungen im Nichtstun
nicht nur aus logischen sondern
auch aus biologischen Gründen.

Inzwischen habe ich gelesen, dass Biologen in zahllosen Studien herausgefunden haben, wie Innehalten und NICHTSTUN die Aktivität der Gehirnwellen verlangsamt, den Blutdruck senkt, die Durchblutung fördert, den Energiehaushalt des Körpers verbessert, die Auswirkungen von Stress reduziert und das Immunsystem stärkt.

Auch meine ganz private Ein-Personen-Testreihe zum NICHTSTUN hatte sämtliche Forschungsergebnisse der Biologen bestätigt. Nachdem ich nämlich damit aufgehört hatte, meine Gedanken-Energie an Sorgen, Ängste, Zweifel und Befürchtungen zu verschwenden, und statt dessen mein Denken darauf konzentrierte, im Hier und Jetzt zu bleiben, erlebte ich einen Schub an Energie, Schnelligkeit, Klarheit – ja, ich hatte sogar öfter Glück.

All das erinnerte mich an jenes berühmte Gebet um Gelassenheit

O Herr, gib mir die Kraft, die Dinge zu akzeptieren, die ich nicht ändern kann, gib mir den Mut, die Dinge zu ändern, die ich ändern kann, und gib mir die Weisheit, den Unterschied zwischen den beiden zu erkennen … Und mach, dass am Dienstag meine Sachen in der Reinigung fertig sind.

(Oder an ein Gebet,
das so ähnlich ging.)

(Wie auch immer.
Was ich sagen möchte ist …)

Nachdem ich die Übungen im Nichtstun in mein tägliches Multitasking integriert hatte, entdeckte ich an mir ein wesentlich besseres Gespür für den Wert oder den Unwert der Dinge, die ich ändern konnte und jener, die ich nicht ändern konnte … und auch ein Gespür dafür, wie ich ändern konnte, was geändert werden musste.

Und zu meiner
großen Zufriedenheit
stieß ich auf eine
weitere logische Erklärung
für diese Entwicklung:

Vom Pareto-Prinzip zum Parese-Prinzip

(Bitte weiter lesen …)

Das Pareto-Prinzip besagt, dass 80% aller Ergebnisse mit nur 20% des Aufwands erreicht werden. Wenn man seine geistige Aktivität herunterfährt, entwickelt man ein Art 20/20 Vision und sieht überdeutlich jene 20% der Aktivitäten, die absolute Priorität genießen sollten. Das ermöglicht einem, die eingesparten 80% an Zeit und Energie so einzusetzen, dass die Ziele bei den genannten 20% schneller und mit weniger Aufwand erreicht werden.

Cool, was?

Buddhisten haben einen eigenen Begriff für diesen Vorgang des Energiemanagements durch Nichtstun:

Achtsamkeit.

Obwohl in vielerlei Hinsicht
Achtsamkeit
wohl eher eine
Un-acht-samkeit
ist, weil es bei diesem
Vorgang darum geht,
den Geist von seinem
pausenlosen Geplapper
zu befreien, damit man
die Welt um sich herum
klarer erkennen und
besser verstehen kann.

Unglaublich, Millionen
Buddhisten scheinen
mit mir einer Meinung zu sein:

„Es entbehrt verdammt noch mal nicht einer gewissen Ironie, dass man durch Innehalten und Nichtstun schneller vorwärts kommt – und auch klüger entscheiden kann, welcher Lebenswandel das Leben verwandelt, welche Schalter man umschalten, welche Liebe man lassen sollte."

Übungen im Nichtstun
erzeugen meiner
Meinung nach eine
„magische Hokus-
Fokus-Energie".
Als ich damit aufhörte,
mein Gehirn mit konfusen
Ängsten, Befürchtungen
und Sorgen zu verwirren,
konnte ich mich plötzlich
darauf konzentrieren, wo die
verborgenen Wunder
meines Lebens zu
finden waren.

Seitdem glaube ich, dass der wahre Grund dafür, dass nachträgliche Einsicht und die 20/20-Vision immer miteinander einhergehen in der magischen Hokus-Fokus-Energie liegt. Sobald etwas vorbei ist, wird man nicht länger von negativen, Angst machenden Gefühlen abgelenkt.

Dieses Abschalten des emotionalen „weißen Rauschens" ist, als hätte man plötzlich digitales statt analoges Fernsehen. Man empfängt nicht nur ein schärferes Bild, auch die Zahl der Programme nimmt zu und man kann eine Sache aus mehreren Perspektiven betrachten. Und mit der Anzahl der Perspektiven erhöht sich die Wahrscheinlichkeit, den richtigen Weg zum Ziel einzuschlagen.

Ich bin der festen Überzeugung, dass William Blake mit seinem Satz „Würde man die Glasscheiben an den Pforten der Wahrnehmung putzen, würde dem Menschen die Welt erscheinen, wie sie ist: unendlich" *eigentlich* ausdrücken wollte: „Es gibt stets unendliche Möglichkeiten, ein Problem zu lösen und das zu bekommen, was man will. Hört man also mit dem Verschwenden von Gedankenenergie auf, indem man Übungen im Nichtstun praktiziert, so ist das wie eine Grundreinigung unseres Fensters zur Welt."

(Na ja, zugegeben:
das Zitat von diesem Blake
ist schon etwas
poetischer als meins …)

Und als Peter Ouspensky schrieb „Unser Unterbewusstsein arbeitet 30.000 mal so schnell wie unser Bewusstsein", wollte er damit eigentlich ausdrücken: „Wenn es einem gelingt, sein Unterbewusstsein anzuzapfen, steigen die eigenen Chancen um das 30.000fache, die Dinge 30.000mal schneller und klarer zu sehen als normale Menschen.'

(Na ja, war nur ein kleiner Spaß …
Irgendwie aber auch nicht.)

Es ist einfach so: Wenn man es hinkriegt, das eigene oft nur mit eingebildeten Sorgen und Ängsten voll gestopfte Gehirn frei zu bekommen und statt dessen auf sein Unterbewusstsein zu hören, dann hat man sich bereits einen ziemlichen Vorsprung auf dem Gebiet der Realitätswahrnehmung verschafft.

Und kaum denke ich ans „Unterbewusstsein"
denkt mein Bewusstsein schon
an den alten Jung und seinen Satz:

„Wenn man sich eine Situation nicht
bewusst macht, erscheint sie einem
zwangsläufig als Schicksal."

Dieses „Schicksal" kann alles sein,
vom Verlieren der Hausschlüssel
bis zu einem Beinbruch … Auf jeden Fall
ist es stets der Versuch des Unterbewusstseins
uns mit unseren tatsächlichen
inneren Bedürfnissen zu konfrontieren.

Das Verlieren der Hausschlüssel bedeutet:
Verlass dein Haus,
du musst draußen mehr erledigen.

Ein Beinbruch bedeutet:
Bleib zu Hause und mach weniger.

Dein Unterbewusstsein weiß
ganz schön viel über dich.
Es hat absolute Insiderinformationen,
was sich ändern muss,
wie es sich ändern muss –
und es arbeitet…

Tag & Nacht

daran, dir diese wichtige Info zukommen zu lassen.

Es arbeitet die Nacht durch,
auch wenn du schläfst.
Nach Jungs Überzeugung
sind Träume der Versuch
des Unterbewusstseins,
sich (HALLO!) bei dir
Gehör zu verschaffen.

Bedenkt man, was das Unterbewusstsein alles zustande bringt, hätte es eher den Status „Über-" als „Unter-" bewusstsein verdient, denn es trifft öfter die lebenswichtigen Entscheidungen als das Bewusstsein. Es ist nämlich das Unterbewusstsein, das die Verantwortung dafür trägt, wie oft du krank bist, was für ein Durcheinander in deiner Wohnung herrscht, ja sogar wie chaotisch dein Liebesleben abläuft. Und das Unterbewusstsein ist auch Schuld daran, dass deine Tagebucheinträge oft aussehen wie spontane Schreibanfälle eines Verrückten:

Liebes Tagebuch,

Ich bin...... (verärgert, gekränkt, total deprimiert), weil meine...... (neue Liebe, alte Liebe, Liebe in spe) mir nicht...... (richtig zuhört, mich wirklich respektiert, mich nicht abgöttisch liebt). Das erinnert mich sehr an...... (letzte Woche, letzten Monat, letztes Jahr, kommende Woche, kommenden Monat, kommendes Jahr). Ich schwöre bei...... (GOTT, BUDDHA, MEINER KOSMETIKERIN), dass mir so etwas nicht noch mal passiert!

Dein Unterbewusstsein ist schlau und
vertraut im Geheimen darauf,
dass diese immer wieder vorkommenden

„Schicksalsschläge“

dich am Ende schon aufwecken werden
und du etwas veränderst. Es wartet voller Hoffnung
auf den Moment, wenn dir schlecht davon wird,
wie alles läuft – und oft wird dir buchstäblich
schlecht davon und du wirst krank.

Die Anhänger des Tao
bezeichnen den Zustand
einer solchen Übelkeit
mit dem Begriff
kriya
... was in etwa bedeutet,
dass man einen
spirituellen Koller
bekommt, der zur
Erweckung führt.

Ich nenne es einfach:

„Der Abbruch, der zum Zusammenbruch und schließlich zum Durchbruch führte."

Bei mir ist es normalerweise so, dass ich erst nach einem sehr, sehr langen *kriya* endlich bereit bin, etwas zu ändern – und damit auch in der Lage, die leeren Stellen in meinem Tagebuch mit schöneren Wörtern zu füllen.

Das Problem ist, dass ich mich allzu oft vor meinem *kriya* drücke – so, wie man sich vor einem Zahnarztbesuch drückt – bis die Schmerzen unerträglich werden.

ÜBUNGEN IM NICHTSTUN wirken so, als würde man einen Super-Röntgenblick auf das eigene Unterbewusstsein richten. Du kannst dir schon im Vorfeld großen Schmerz ersparen: Schau dir einfach diese verdammten Röntgenbilder an – und du wirst darin deine unbewussten Gedanken entdecken.

Und Übungen im Nichtstun
helfen dir auch das zu sehen, was ich
das „Unter-Unter-Bewusstsein"
nenne – andere nennen es einfach
„Intuition".

WIE DAS?

Das Zauberwort heisst

JETZT.

Übungen im Nichtstun versetzen dich voll und ganz in diesen einen Moment, wo es keine Sorgen gibt bezüglich „der Angst vor Schmerzen, die die Zukunft bringen könnte" oder „der Angst vor Schmerzen, die aus der Vergangenheit herrühren", weil einem die Vergangenheit und auch die Zukunft gerade völlig egal sind … Nur das jetzt zählt.

Beim Nichtstun und Nichtsdenken
außer dem Denken an das Jetzt
fällt es dir leichter, deine Ängste
ohne Angst zu sehen, genau wie
das eigene Leben erst im Rückblick
klar erkennbar wird – denn im
Jetzt gibt es keine Angst.

Chögyam Trungpa, der Autor des Buches *Die Insel des Jetzt im Strom der Zeit*, hat dafür eine schöne Formulierung gefunden:

„Wahre Furchtlosigkeit besteht nicht in einer Reduktion von Furcht, sondern darin, die Furcht zu überwinden. Leider gibt es in der englischen Sprache kein direktes Wort, das dies ausdrücken könnte. ‚Furchtlosigkeit' kommt der Sache noch am nächsten, aber mit furchtlos ist nicht ‚OHNE FURCHT' sondern ‚jenseits der Furcht' gemeint."

Wir befinden uns genau dann ‚jenseits der Furcht', wenn wir inmitten einer völlig unvorhersehbaren, lebensbedrohlichen Situation – etwa einem Autounfall – stecken, wenn wir gar keine Zeit dafür haben, uns auf unsere Angst zu konzentrieren. Jetzt kommt es nur auf die Gegenwart an – auf das JETZT und dass wir GEISTESGEGENWÄRTIG das Richtige tun, damit wir überleben. Auch, wenn das bedeutet, dass wir etwas schaffen müssen, was unter normalen Umständen keiner schafft – etwa ein Auto, das fast eine halbe Tonne wiegt, anzuheben und das eigene Bein darunter hervor zu ziehen …

JETZT!

JETZT!

JETZT!

Zu guter Letzt schaffen wir es, dieses Auto hochzustemmen, weil wir sämtliche unserer bisher der Vergangenheit/Zukunft entstammenden, Angst machenden, Stress verursachenden und ungebündelten Energien auf dieses eine Ziel richten: DAS AUTO MUSS JETZT RUNTER VON MIR.

Ja.

(Die Macht des Moments
ist ganz schön mächtig!)

Im Jetzt präsent zu sein erweist sich nicht nur in so beängstigenden Situationen wie einem Autounfall als nützlich, sondern auch in so aufregenden Situationen wie einem Vorstellungsgespräch, dem ersten Rendezvous, der Stunde der Trennung usw. – weil sich in diesem Moment eine außerordentliche Kraft bündelt, die einem die bereits erwähnte magische Hokus-Fokus-Energie verleiht.

Nachdem ich das alles begriffen hatte, war mir auch klar – mir, als der Frau, die das Multitasking erfunden hat! –, dass ich einen Weg finden musste, noch mehr von diesem wunderbaren NICHTS in mein übervolles Lebens einzubauen.

Das tat ich …

und tue es jetzt noch.

(Zum Beispiel)

Auf meinem Weg zur Arbeit befasse ich mich nun mit NICHTSTUN. Ich widme mich dem NICHTSTUN, wenn ich eigentlich saubermachen sollte. Ich konzentriere mich auf das NICHTSTUN, wenn ich etwas essen muss. Sollte Sport angesagt sein, trainiere ich dabei das NICHTSTUN. Und wenn ich zu Bett gehe, ist NICHTSTUN meine Lieblingsbeschäftigung.

Zum Beispiel:

Nichts-Tun-Übung # 6:
Mach den Alltags-Sound zum Swing

Auf meinem Weg zu einer Verabredung TUE ich jetzt einfach NICHTS, als alle möglichen Hintergrundgeräusche aufzunehmen, ob auf der Straße, im Bus oder in der U-Bahn – je nachdem, welches Transportmittel ich gerade benutze. Und ich habe herausgefunden, dass dieses Multitasking beim Hinhören meinen Verstand und mein Gemüt beflügelt.

fig.1

fig.2

fig.3

Nichts-Tun-Übung # 7: Der Duft der Entspannung

Heute suche ich mir meine Putzmittel nach ihrem Duft aus, der Preis steht nicht mehr an erster Stelle. Und anstatt mich auf eine stumpfsinnige Putzorgie zu konzentrieren, TUE ich jetzt NICHTS, als mit all meinen Sinnen in den neuen, frischen Gerüchen meiner Umgebung zu schwelgen. Und wenn ich jetzt die blöde Wäsche mache … TUE ich NICHTS, als am T-Shirt meines Liebsten zu schnüffeln – vor dem Waschen und besonders auch danach wenn alles wieder frisch duftet.

fig.1

fig.2

fig.3

Nichts-Tun-Übung # 8: Gedankenfutter

Immer wenn und egal was ich esse – mittags, abends, zwischendurch, an Bord eines Flugzeugs – TUE ich NICHTS als mich ausschließlich auf jeden köstlichen Bissen zu konzentrieren. Mindestens 5 Minuten lang. Es wird nicht mehr geschlungen, hinuntergestürzt, herumgestochert – ich achte auf die vielen unterschiedlichen Geschmacksnuancen: pikant, süß, bitter, sauer, schokoladig. (Ich habe neulich sogar eine spezielle „Schokoladenübung im Nichtstun" entwickelt, bei der ich mich ausschließlich auf Schokolade, Schokolade und noch mal Schokolade konzentriere – natürlich nur meiner mentalen Ausgeglichenheit zuliebe, ist ja wohl klar!)

fig.1

fig.2

fig.3

Nichts-Tun-Übung # 9:
Work-Out für Kopf und Körper

Wenn ich jetzt meine Gymnastikübungen mache, trainiere ich gleichzeitig meinen Kopf – ich arbeite am Aufbau starker Denkmuskeln. Ich spule also nicht länger automatisch mein Trainingsprogramm ab, sondern konzentriere mich auf jeden einzelnen Muskelstrang. Wenn ich mich dabei erwische, dass meine Gedanken in Richtung Probleme, Ängsten, Sorgen abdriften, zwinge ich mich dazu, mir vorzustellen, wie jeder einzelne Muskelstrang stärker und stärker wird – mindestens 5 Minuten lang.

fig.1

fig.2

fig.3

Nichts-Tun-Übung # 10: Erwecke deine Sinne, bevor du einschläfst

Immer, wenn ich jetzt zu Bett gehe, umhüllt mich ein Taumel der Verzückung – und nicht ein Schlafanzug aus Flanell! Ich sinke erst auf das Laken, nachdem ich mich davon überzeugt habe, dass mein Liebster und ich wirklich nichts mehr am Leibe tragen – damit wir optimal gerüstet sind für das Nichtstun. (Na ja, zumindest tun wir für die nächsten 5 Minuten nichts. Danach können/sollten/werden eine Menge Sachen passieren, die alles andere als nichts sind, keine Sorge!)

Wie gesagt, 5 luxuriöse Minuten lang konzentrieren wir uns darauf NICHTS zu TUN, als gegenseitig unsere Haut zu spüren. (Und sollte gerade kein Liebster verfügbar sein, überziehe ich das Bett mit frisch duftender, seidenweicher Bettwäsche, und während der nächsten 5 Minuten ist NICHTS zu TUN als den seidigem Stoff auf meiner Haut zu spüren.)

fig.1

fig.2

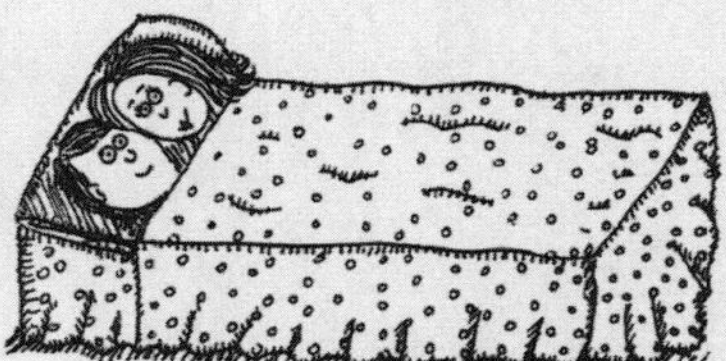

fig.3

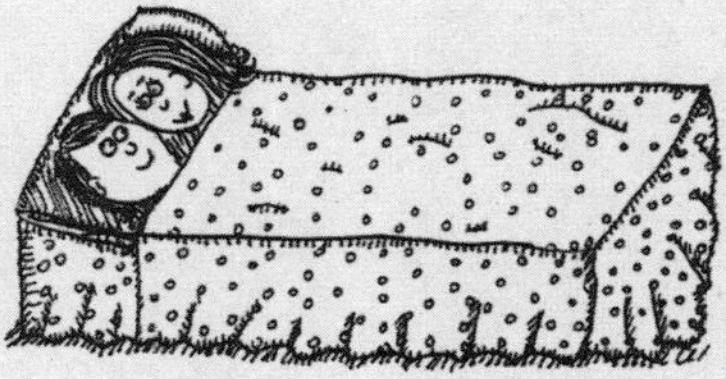

Ja, ich gebe es gerne zu: Heute beginne ich meinen Tag mit Nichtstun und ich beende ihn mit Nichtstun … und dazwischen schiebe ich soviel Nichtstun wie möglich in mein Tagespensum – mehr Nichtstun, als ich je für möglich gehalten hätte! Und seitdem ich dieses Trainingsprogramm im Nichtstun mache, habe ich an mir eine Kraft und Energie, eine geistige Klarheit und Entscheidungs-freudigkeit entdeckt, die ich nie für möglich gehalten hätte.

Also … was könnte
ich sonst noch
darüber sagen,
welche positiven
Auswirkungen
NICHTSTUN
für jemanden hat,
der sein
gesamtes Leben
verändern möchte?

ABSOLUT
NICHTS

ISBN 978-3-85179-123-5

Originalverlag: Simon & Schuster
Originaltitel: HOW TO CHANGE YOUR ENTIRE LIFE
BY DOING ABSOLUTELY NOTHING:
10 DO-NOTHING RELAXATION EXERCISES to CALM YOU
DOWN QUICKLY SO YOU CAN SPEED FORWARD FASTER

Illustrationen: Karen Salmansohn
Covergestaltung: Christina Krutz, Riedstadt
Layout und Satz: Christine Paxmann text • konzept • grafik, München
Druck und Bindung: Grasl Druck & Neue Medien, Bad Vöslau
Printed in the EU

www.thiele-verlag.com

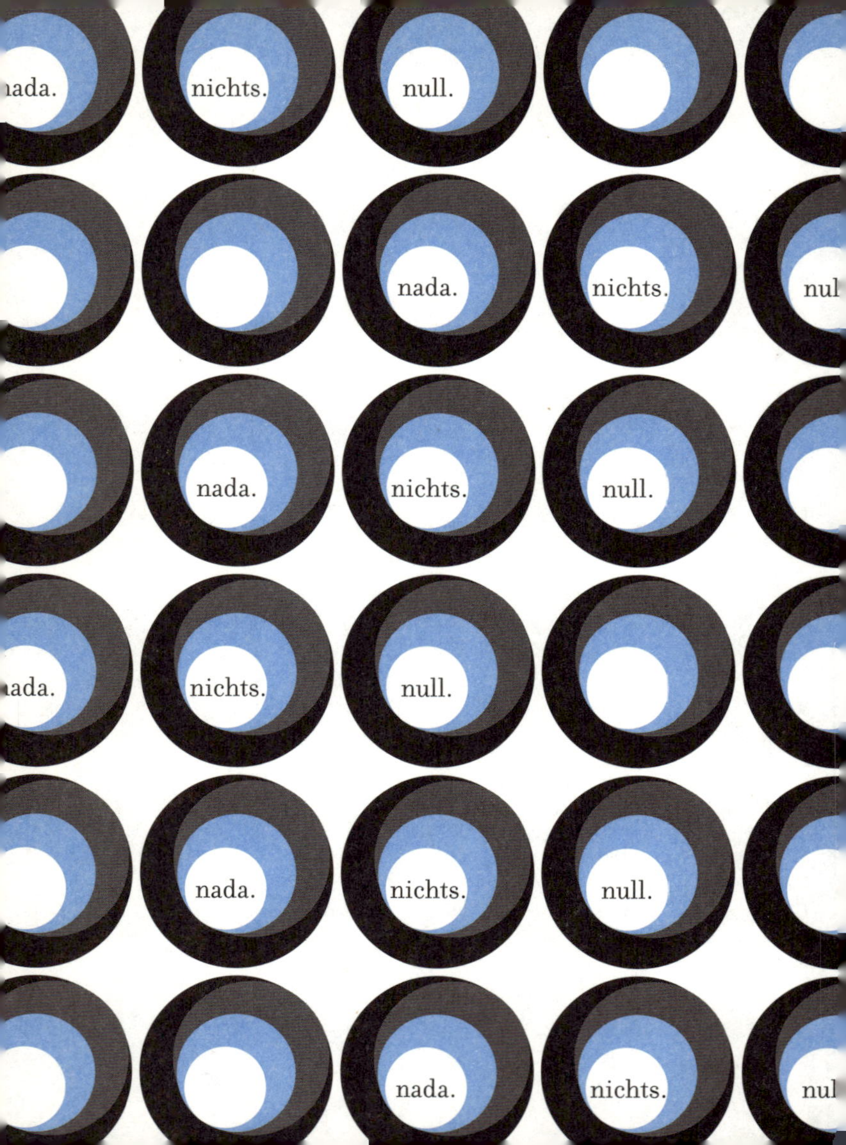
nichts.
null.
nada.
nichts.
nada.
nichts.
null.
nichts.
null.
nada.
nichts.
null.
nada.
nichts.